La voz de
los necesitados

La voz de los necesitados

Diego Willmore

Para realizar pedidos de este libro, contacte con:
Palibrio LLC
1663 Liberty Drive, Suite 200
Bloomington, IN 47403
Gratis desde EE. UU. al 877.407.5847
Gratis desde México al 01.800.288.2243
Gratis desde España al 900.866.949
Desde otro país al +1.812.671.9757
Fax: 01.812.355.1576
ventas@palibrio.com
490344

ÍNDICE

EN ESTE MUNDO EXISTEN MUCHOS QUE TIENEN
BOCA MAS NO TIENEN VOZ

¿QUIEN SE ATREVE A SER SU VOZ?

DEDICATORIA

Al dedicar este escrito pienso en muchas personas que han contribuido a mi vida. Después de Dios que ha sido mi sostén principal está mi amada familia que a través de los años me han apoyado y han sido pacientes con mis largas horas de estudios y escritos, a Beatriz (mi esposa) y Marangely (mi hija), le doy gracias a Dios por ustedes, también lo dedico a una gran iglesia que por más de 20 años han forjado el ministerio que Dios ha puesto en mi mano, la Iglesia de Dios M.B. "La Nueva Bendición" en las Parcelas Falú, San Juan, PR. A mi equipo de trabajo del "Centro de Bendición" que siempre da la milla extra y a las que me asisten y contribuyeron a este trabajo, a Lissie Rivera y Yanira López, a ustedes gracias. No quiero dejar a mis queridos estudiantes de la UTC por ser una inspiración para yo terminar este trabajo que ha tomado años y ellos han sido parte y han contribuido al mismo. A mi hermano Jorge Sánchez, Reynaldo Delgado Díaz y a la Dra. Linda Edith (Didi) Rivera por la revisión del escrito, a todos ustedes solo puedo decir gracias. De igual forma a Beatriz Polhamus López por darme la idea inicial de escribir sobre este tema y Evelyn Aquino, ex-alumna, que recopiló los versos bíblicos que se han utilizado y a todos y todas que de una manera u otra contribuyeron para que esto sea una realidad.

Dr. Diego Willmore

PROLOGO

Por mucho tiempo personas me sugirieron que escribiera un libro sobre el trabajo que he realizado y que realizo con las personas menos afortunadas y las personas sin techo y/o personas maltratadas. Como director y fundador del "Centro de Bendición Inc." muchas de las personas que me hicieron la sugerencia son compañeros y compañeras en el campo de instituciones sin fines de lucro y que comparten las mismas luchas por el bien de los que no tienen voz. Ellos afirman que mi testimonio y experiencia podría servir de guía y ayuda a muchas organizaciones e iglesias que necesitan y deben trabajar en esa área.

La idea estuvo latente en mi mente por muchos años y ahora he decidido aventurarme en esta jornada haciendo este escrito con el tema de "La voz de los necesitados" y se hace más interesante y especial si lo llevo a la luz de la Biblia que es nuestro modelo de ayudar a los que menos pueden, este escrito tiene un propósito específico: afirmar los valores del reino a favor de los que sufren, de los que menos pueden, de los que no tienen voz.

Es entendido que hay muchos y muchas que sufren por diversas razones, unos porque son maltratados físicamente, otros porque son oprimidos por diversas razones.

El sagrado libro (la Biblia) enseña que cuando ayudamos a los que menos pueden, a los que estén en desventajas socio económicas, lo estamos haciendo al mimo Señor. Mateo 25:40.

La Biblia también establece que los pobres siempre estarán en medio de nosotros, esto no implica que nos quedemos de brazos cruzados, más bien es una oportunidad para servir a nuestro prójimo. Mateo 26:11.

Me preocupa grandemente que muchos (as) se hagan de la vista larga ante las situaciones sociales que ocurren en nuestras comunidades, en especial los que son llamados para servir y hacer la diferencia. En general buscamos nuestra propia comodidad, lo demás no es de importancia, esa actitud es la que nos sigue aniquilando lentamente como pueblo y como sociedad. Ocurre ante nuestros ojos, abusos sexuales contra niños, ancianos, violencia doméstica y deserción escolar entre otros.

La opción para tratar y corregir estos males no es el gobierno con sus agencias y toda su burocracia; hasta ahora hemos visto que el aparato gubernamental no ha funcionado, ni funcionará; creo fielmente que las organizaciones sin fines de lucro, de base de fe, de base comunitarias y las iglesias tienen las herramientas para ayudar en este mal social y que deben ponerlas al servicio de la comunidad, no hacerlo sería un egoísmo a gran escala. La parábola de la boda del hijo del Rey en el libro de Mateo en el capítulo 22, menciona que los invitados originales no aceptaron asistir a la fiesta preparada para ellos, finalmente fueron invitados los no invitados los que nadie quiere y no tienen voz, es interesante ver que las escrituras atiende a los desvalidos (as), a los maltratados (as) por las circunstancias de la vida no importando su ascendencia, ni su condición socio- económica.

Este pasaje es uno de gran profundidad, o sea tenemos que entender el corazón de Dios que es para todos, tanto para ricos así como para pobres, en especial para aquellos que aceptan el llamado a servir a los demás. Me gusta lo que dice el Dr. Roberto A. Rivera en su libro "Vivo con el corazón Partido", (2009) *"algunos (as) creyentes se conforman con ser buzos de orilla"*. Muchos de nosotros somos buzos de orilla de la vida y no nos adentramos en las circunstancias sociales de nuestro entorno para poder ayudar y dar voz a los que no tienen. ¿Quiénes pudieran ser los (as) invitados (as) afortunados (as) para este tiempo? Pueden ser las personas sin techo, niños (as) maltratados (as), mujeres maltratadas, familias desamparadas y que deambulan, personas afectadas emocionalmente y en depresión entre otras.

PREFACIO

Pastoreo por la gracia de Dios una iglesia pentecostal por más de 20 años la cual forma parte de uno de los concilios más grandes del mundo, (La Iglesia de Dios Mission Board de P.R.). Con oficinas internacionales en Cleveland, Tennessee, Estados Unidos. También soy director ejecutivo de una institución sin fines de lucro Centro de Bendición Inc.; fungí como profesor por más de trece (13) años de la Universidad Teológica de Puerto Rico y por más de quince años (15) Capellán de la Policía de Puerto Rico.

Con estas páginas intento hacer conciencia a hermanos (as) de la fe, pastores (as) y ministros (as) y a todos (as) que son sensible para servir a los desventajados, de la importancia que tienen los menos afortunados dentro de la sociedad en la que vivimos. Cada día la sociedad se cauteriza, se hace insensible ante las necesidades que viven millones de personas. Mientras que muchas instituciones incluyendo la iglesia pudiera estar al borde de insensibilizarse ante tantos ataques desmedidos de secularización, comercialización y de grandes poderes económicos.

Cuando la iglesia, los líderes religiosos y el gobierno comienzan a colocar la mirada en intereses personales, los más pobres y necesitados corren el riesgo de no ser escuchados, mucho menos atendidos. Ellos deben mirar a la gente como Jesús las veía, con compasión. Pero me parece que a veces sucede lo contrario. Aunque muchos difieran de mi opinión, los lectores tendrán la oportunidad de hacer su propio análisis y ver si el espíritu que estuvo en la iglesia primitiva que inspiraba el deseo de servir a los pobres aún continúa en la iglesia contemporánea. Les invito a hacer lo que dice (1Tes 5:21) "Examinarlo todo…". Es la intensión de este autor que cada persona que posea una copia de este escrito pueda comprender, la importancia de extender la mano y ayudar a los que menos pueden, y ser la voz de los que no tienen.

Diego Willmore

INTRODUCCION

El trabajo de la iglesia tiene que estar a tono con el trabajo que hizo Jesús, él mismo fue con los menos afortunados. Él les dio comida a los hambrientos, vista a los ciegos, a los paralíticos los hizo andar, a las mujeres maltratadas liberó del yugo de hombres con un sistema opresor, abusivo y esclavizante, pero más importante, nos dio la palabra. Ella nos hace libre, libre para expresarnos y para proclamar las verdades del reino, justicia para las y los menos afortunados (as), para los maltratados (as) y para los y las que no tienen voz.

Los marginados (as) socialmente hablando son personas enajenadas, maltratadas y hasta olvidadas desde la perspectiva gubernamental, religiosa y social en especial las personas sin techo. Algunos podrían pensar que la única finalidad de la iglesia es decir que Cristo viene, o anunciar el Reino de Dios de la forma tradicional. Pero ese anuncio tiene una fuerte relación con lo que hacemos por los demás. Este anuncio se compone de varios factores, uno de ellos es el más importante, es atender las necesidades de los menos afortunados (as). El trabajo social y la comunidad de fe es algo que debe estar íntimamente relacionado, una de las responsabilidades de la iglesia es hacer el trabajo comunitario.

Es bueno que la comunidad de fe pueda expresar libre y abiertamente lo que nos dice la escritura en Isaías 11:4 "*...Sino que juzgará con justicia a los pobres...*" La única forma que la iglesia puede impactar e influenciar a la sociedad es encarnándose en ella, creando conciencia de la necesidad del que sufre. Así se hace justicia. Dario López en su libro (La Fiesta del Espíritu, 2006) dice *"la experiencia de la iglesia debe tener la pasión de comprometerse con la defensa de la dignidad humana, con todos los riesgos que ese compromiso exige y que la compromete a la lucha contra la pobreza".* Esa lucha no se da en el vacío ni en una mera concepción religiosa que nos mantenga enclaustrados en unos nichos de adoración. Es evidente que la iglesia tiene que romper barreras sociales, entendiendo que sólo ella tiene el poder para eliminarlas. Bajo ninguna circunstancias debe validar las barreras existentes y mucho menos crearlas.

Me solidarizo con la expresiones de un ex alumno (Felix Castro) "Por más que las estructuras dominantes y de poder a través de más de veinte siglos insistan en ocultarlo, ningunearlo, perseguirlo, deformarlo, someterlo, manipularlo o de cualquier otro modo oprimirlo, siempre existirá un cristianismo solidario, dialogal, encarnado, marginal, profético, pastoral, vulnerable, misericordioso, amoroso, vertical, inclusivo, humilde, esperanzador, sanador, mucho más a la usanza de Jesús de Nazaret que de quienes clamamos ser sus seguidores".

Dr. Rev. Diego Willmore

I.

Una iglesia proactiva

No podemos quedarnos inactivos, pues no representaremos correctamente al Cristo histórico, al Jesús que se insertó y se inserta en la sociedad y en las comunidades más necesitadas. Una de las misiones de la iglesia es atender al que tiene hambre y al que está en crisis no importando cual sea. La iglesia no debe esperar que la sociedad venga hacia ella, esto implica que la iglesia debe ser proactiva y caminar hacia donde está la necesidad. Distanciándonos y encerrándonos en nuestro lugar de adoración y en nuestra zona de comodidad, no alcanzaremos a aquellos que tienen necesidad. La comunidad de fe tiene que estar atenta a los cambios por los que pasa la sociedad. No podemos enajenarnos. Ignorar lo que está sucediendo en medio nuestro, sería un acto irresponsable. (*Padilla, 2003*) *habla sobre el Sacerdocio universal y dice:* **"todos los cristianos y cristianas, todos los creyentes sin excepción, somos sacerdotes habilitados para ejercer como tales dentro de la iglesia."** Tú y yo tenemos una gran responsabilidad. Para ejercer el sacerdocio de manera efectiva; la iglesia tiene que revisar su misión, sus métodos y visión para atemperarse a los cambios que emergen a medida que las sociedades avanzan y cambian.

El Dr. (Estrada, 2003) en su libro "Pastores o Políticos con Sotanas" habla del término "una Cultura de Paz". El autor hace un recorrido a través del escrito sagrado para establecer la importancia de la cultura de paz en referencia a lo que sucedía en Vieques, (Isla municipal a diez (10) kilometros al sureste de Puerto Rico) y la lucha de la coalición representada por los puertorriqueños en contra de la presencia de la marina de guerra de los Estados Unidos en esta isla. En su locución menciona a las Naciones Unidas y la Carta de los derechos humanos. Aplicar este concepto a la iglesia lo hace particularmente interesante cuando se habla de los que no tienen voz, los marginados (as) y los (as) rechazados (as). La iglesia debe crear una cultura de paz y prosperidad para el bienestar de todos.

La iglesia tiene una gran tarea en los diversos problemas que enfrentan los pobres en diferentes lugares del mundo como consecuencia de la apatía de los grandes intereses. Ricos y poderosos con sus mega comercios a nivel global están creciendo a costa de los desventajados (as) que laboran por míseros salarios, para poder sustentar sus familias. Tal actitud demuestra una gran injusticia social que aumenta la pobreza mundial y el deterioro ecologíco universal que no se detiene.

(Yamamori, Rake Padilla, 1997) hablan del proyecto Redentor en Brasil y dicen **"muchos han sido abandonados (as) en su situacion, olvidados por el gobierno y lamentablemente con bastante frecuencia por la iglesia."**

En el caso nuestro, tenemos un parecido con ellos, aquí la problemática son las personas sin techo o deambulantes, adictos, ancianos y personas de escasos recursos en vía de perder sus pertenencias, residencias y hasta su vida. En otros campos de acción serán otros los problemas sociales que la iglesia tiene que enfrentar, no solo como cuerpo de Cristo, sino también como parte de dicha sociedad. Cuando los pobres no son la opción de la iglesia y nos olvidamos de ellos dejamos de ser proactivos.

Podemos preguntarnos ¿estaremos respondiendo al reclamo de Cristo? Cuando dice "parafraseado" **"que los pobres estarán siempre con nosotros"** (Mat.26:11), o ¿será que la iglesia se pudiera estar acomodando a los intereses económicos de los poderes mundiales? que se han convertido en anti-Cristo, que viven a costa de los menos afortunados con sus deseos mezquinos y con agendas escondidas, para aumentar sus riquezas, pero olvidando a los que no tienen nada. La iglesia existe para tener contacto con los que están en desventaja. Es evidente que en estos tiempos vemos como hay grandes ministerios a niveles nacionales y mundiales, con templos enormes que se les ha llamado "mega iglesias". Hay un despliegue publicitario multimillonario, mientras que a la vuelta de la esquina tenemos miles de personas que están enfrentando de un sin número de necesidades. Observamos que en los últimos tiempos se ha visto un gran despertar por las grandes edificaciones, majestuosos edificios que a veces se convierten en elefantes blancos o sea edificios o estructura que no tienen ninguna función para la comunidad donde está enclavada, en el caso de los templos solo se usan los días en que se dan los servicios religiosos, especialmente los domingos.

Podría hacerse un encabezado o primera plana de cualquier periódico que pudiera decir "Catedrales y Necesitados". La iglesia no debe existir para sí misma, esta debe repensar su función para la sociedad donde está enclavada. Es mi deseo que el Espíritu Santo siga iluminando a la iglesia, para que haga la labor en medio de la comunidad. No hay otra forma mejor para **evangelizar**, que atender a los que están en desventaja, a los marginados y marginadas a los que no tienen voz. La iglesia tiene la responsabilidad de convertirse en la voz de ellos y ellas.

La iglesia es la agencia de Dios en la tierra para atender las necesidades de las personas, y en especial de los que más necesitan; si no lo es, o si no está haciendo su función, entonces tiene que reevaluar su postulado y teología de servicio. El trabajo con los menos afortunados no puede ser un apéndice de la iglesia, esto es la misión central de la iglesia o la misión Dei (*la misión de Dios*). Entonces es un trabajo misionero, debemos alcanzar vidas maltrechas y destruidas para ayudarlas a que forjen un futuro mejor con la ayuda del Espíritu Santo. Esto es un acto de compartir el evangelio; es una forma de dar a conocer el amor de Cristo que hay en nosotros. *"Por cuanto se lo hiciste a uno de estos pequeñitos..." (Mat. 10:42)*. O sea todo lo que le hagas a ellos lo estás haciendo al Maestro, tu mano de apoyo es la mano de Cristo que se extiende a los que no tienen manos, tu voz es la voz de aquellos que han sido silenciados y tienen mordaza, mordaza de marginación porque al marginado nadie lo escucha, su voz y su grito quedan ahogado en el vacío de la desesperanza o en las conciencias de hombres y mujeres insensibles.

La iglesia debe estar en contacto con los que están en desventaja y ampararlos en contra de las injusticias. No solo predicando servimos a las personas, también hay que hacer un gesto social, hay que dar de lo que tenemos y buscar para dar un buen servicio. La iglesia debe estar en contacto con los que están en desventaja y hacer de ellos su misión primordial. Cuando se fundó la iglesia no fue para que se engrandeciera, por esto debe reevaluar su misión en la sociedad de hoy, y pedir que el Espíritu Santo ilumine a la iglesia de este tiempo.

Quiero pensar en la iglesia como (la misión Dei) la agencia de Dios aquí en la tierra, para atender las necesidades de las personas; en muchas ocasiones se le ha llamado la embajada de Dios y pienso que hacemos muchas relaciones personales, somos muy diplomáticos, hacemos mucha política. Es posible que podamos hacer esas relaciones sin dejar de hacer lo otro, la atención a los pobres. Este trabajo con los necesitados, no puede quedar al margen de la visión de la iglesia. *(Jaramillo, 2005) "El mundo en que vivimos es como un inmenso jardín, donde todos tenemos que sembrar para poder cosechar. Sólo quien está dispuesto a hacerlo con amor, recogerá los frutos de la paz y la felicidad"* estas palabras deben calar en los más profundo de nuestras conciencias para sembrar y poder realizar el trabajo en el que nos hemos embarcado.

Este trabajo es uno misionero, o sea es la misión de la iglesia, y debe ser prioritario, porque con este trabajo se reconstruyen las vidas que han sido destruidas por la sociedad, aquellas que están deshechas. Cuando asistimos a los que no tienen voz y les extendemos la mano, ellos se convierten en nuestra opción. Al hacer esto estamos compartiendo el evangelio. Es hora que se diseñe un plan para servir a la comunidad de deambulantes de forma adecuada y a las personas sin techo, donde se demuestre que se es intencional, tanto por el gobierno, la iglesia, y el sector privado y empresarial.

La iglesia en América Latina tiene que velar que en su proceso evangelístico y educativo los menos afortunados tengan acceso a las áreas de servicio y de ayuda, ellos son los que más lo necesitan, además de incluir una serie de guías hacia los servicios comunitarios.

Si la iglesia jugara un papel más protagónico en los asuntos de los necesitados y en las cuestiones sociales estaríamos a la vanguardia de enfrentar las crisis sociales e injusticias que se levantan a diario y que vemos que no desaparecen porque no se le está haciendo frente de manera adecuada.

El amor de la iglesia o sea de los hermanos será demostrado cuando den con sacrificio y no lo hagan sencillamente porque poseen los recursos. Pero los que aman la obra y a los que sufren, tienen una pasión puesta por el mismo Dios en sus corazones.

Los pobres jamás han sido, ni son, y creo que pasará mucho tiempo en que sean una opción. Esto quiere decir que los pueblos no tienen en sus agendas a los pobres o a los que están en desventaja en la sociedad; la única manera en que pueden estar en agenda es que haya una presión nacional o internacional. Este problema también puede reflejarse en nuestras comunidades de fe. Se entiende que los gobiernos no quieran atender o dar prioridad a los pobres, porque estos son los menos que aportan desde la perspectiva económica de un país, es por eso que no se toman en cuenta a menos que no sea por razones políticas utilizando la demagogia. En algunas iglesias no los toman en consideración para posiciones de importancia, pero es necesario recordar que ellos son la fuente de nuestro trabajo, tanto los que están dentro de las iglesias, pero más aún los que están fuera de la misma.

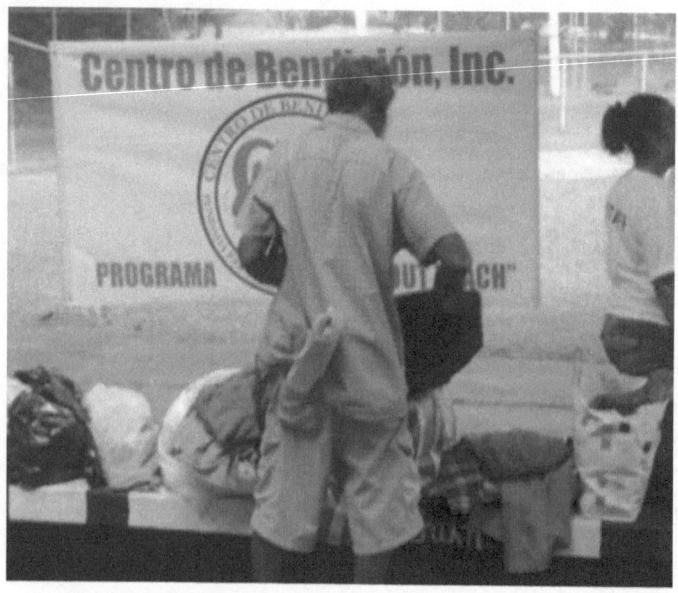

II.

Líderes para los pobres

Es interesante que se preparen líderes para muchas áreas de la vida, para que puedan mantener el equilibrio económico y político de la sociedad en que están viviendo, pero nos damos cuenta que no hay una educación, ni preparación de líderes para trabajar con los pobres, que son los que tienen mayor necesidad, y existen en abundancia en todo el globo terráqueo.

Será trascendental que nuestras instituciones educativas o teológicas de las iglesias lo incluyan en sus planes de trabajo o en su currículo. Digo esto, porque no podemos cerrar los ojos e ignorar que hay pobres, necesitados, adictos, deambulantes, personas sin hogar, entre otros. La Biblia nos indica que los pobres siempre estarán en medio nuestro. Pero eso podría sonar como si fueran entes extraños, como si fueran de otro planeta, pero en realidad son nuestros hermanos, son nuestro prójimo, a veces es nuestro tío o tía, el vecino de la esquina, o el que vive al final de la calle.

Debemos plantearnos una nueva teología en relación a los pobres y marginados de nuestra sociedad. Un gran porcentaje del trabajo de Jesús sucedió entre los más desventajados y vulnerables, sanando, dando de comer, libertando desde la perspectiva espiritual y de los prejuicios sociales y en muchas áreas, más él dio apoyo a los más necesitados. Es la iglesia la que está llamada a atender el reclamo que hace la sociedad para que enfrente el desafío en relación a los pobres, la realidad es que no podemos quedarnos de brazos cruzados ante la realidad que vivimos, en la cual está insertada la iglesia.

La iglesia se ha hecho eco del himnólogo que tiene una fuerte expresión:

"Jesús me dio la libertad y ninguno me la quitará
No más cadena, ni ataduras,
Ni opresiones, sólo la libertad".

Pero tal parece que tenemos un doble discurso ante las situaciones que nos afectan, porque por un lado cantamos este himno, pero por otro lado hacemos otras cosas o sencillamente no hacemos nada. Lo que hace a un pueblo cristiano buen adorador no es solo su culto, sino también el servicio al necesitado. Porque su culto o tiempo de adoración cobra sentido cuando le muestra a los que lo que necesitan al Dios de la vida, pero de forma tangible y no con palabras de esperanzas o con ideas filosóficas de que ese Dios existe y obrará por ellos.

La realidad es que si la persona tiene hambre, frío, sed o están en enfermedad o en cautiverio no pueden entender nuestro discurso. Tenemos que incluir en nuestros discursos y en nuestras prédicas a los marginados porque ellos son parte del reino. Aunque nos quieran quitar del lugar que estamos, aunque seamos ignorados o estemos sin respaldo alguno, debemos incluirlos en nuestros ministerios. Entiendo que se pueden preparar y desarrollar una cantera de líderes entre hombres y mujeres de todas las edades para el servicio, para así alcanzar a todos y a todas los (as) que están en desventaja social. En nuestros templos y en medio de nuestros hermosos cultos de adoración, ahí están ellos sentados, esperando la orden para servir, porque para eso hemos sido llamados y entrenados por nuestras iglesias y fortalecidos por el espíritu de Dios.

III.

Sensibilidad

Tenemos que sensibilizarnos ante la necesidad que tienen los hermanos y hermanas, si la iglesia no siente empatía con los marginados y marginadas de nuestra sociedad no podrá calar en la mente y conciencia de ellos. Es hora de que empecemos a eliminar la disonancia que existe con nuestro doble discurso. Porque estamos predicando una cosa, pero en realidad estamos practicando otra. No podemos seguir diciendo desde nuestros púlpitos que amamos a los que sufren, pero no hacemos nada por ellos.

Debemos reforzar la teología de la esperanza, y entiendo que eso se está haciendo en la práctica, o sea le damos esperanza a los que no tienen, pero debemos hacer algo más tangible por ellos, para que su fe se fortalezca y entiendan que tienen valía. La esperanza no es sólo para los que están dentro de los templos y asisten cada semana a adorar a Dios, o para aquellos que contribuyen económicamente o de algunas otras formas para el bien de la iglesia. Tendríamos que preguntarnos; ¿qué de aquellos que no pueden llegar a nuestros templos, por la razón que sea? No podemos perder el mensaje de esperanza, ese mensaje que debe ser demostrado y practicado para que llegue con fuerza a los que de verdad lo necesitan y no sea solo para acallar la conciencia de algunos que predican y muestran una apariencia de piedad.

Debemos preguntarnos; ¿de qué Dios estamos hablando?, ¿de cómo estamos articulando la esperanza o la fe que deseamos que otros tenga? A veces pensamos que los hombres y mujeres que sufren son frágiles y débiles, pero, si hacemos empatía con ellos entenderemos por lo que están pasando.

Son ellos los que necesitan una mano amiga y un hombro de apoyo, pero sin cuestionamientos, sin requerimiento alguno, que no tengan nada que dar a cambio. Ellos no tienen voz aunque tienen boca, ¿quién hablará por ellos? Les invitó a que sean las voces de los que no la tienen.

a. Como incorporar las tradiciones culturales comunitarias, como elemento de nuestro culto o momento de adoración

Cada grupo social tiene su propia sub-cultura, eso nos deja ver que en un país puede haber varios grupos con distintos intereses sociales, es algo que la iglesia debe entender y respetar, porque a veces parecemos inquisidores y esos tiempos ya pasaron, es hora de respetar las culturas sociales y los espacios que ellos merecen. A veces no respetamos algunos elementos que son esénciales e inherentes a las culturas que servimos, por ejemplo en el aspecto musical, como los instrumentos de música, y ritmos musicales, entre otros. A veces pensamos que estos elementos son diabólicos o pecaminosos al no querer entender, ni admitirlos como parte de nuestros cultos.

Nos hacemos ajenos a las realidades que ellos viven. Cuando no reconocemos o nos divorciamos de la realidad cultural de los que sufren, que de alguna manera buscan refugio en su realidad existencial, no podremos dar servicio efectivo si no estamos siendo intencionales en tal sentido. La intencionalidad del servicio tiene que estar dirigido a la población, específicamente a las que se ha identificado como de escasos recursos, y las que están pasando por la crisis social. El libro (Manual de Cuidado Ministerial para la Iglesia Local p. 28) indica " *el ministerio a los pobres envuelve dos actos vitales de bondad : (1) proveer sus necesidades básicas ; (2) enseñarles a ser responsable por sus propias vidas para que rompan el ciclo de pobreza que muchas veces pasa de generación a generación.*

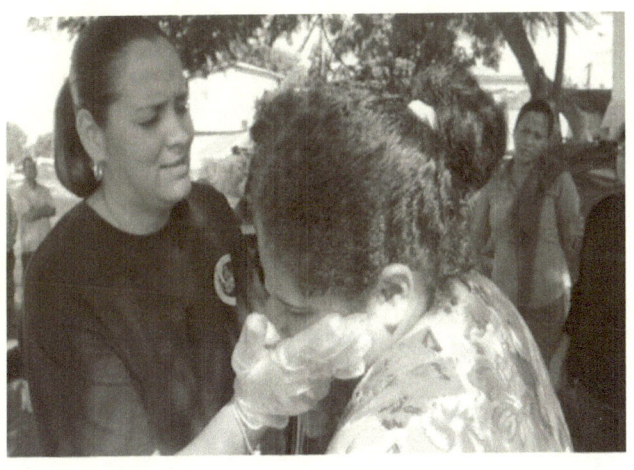

IV.

Creando espacio

Siempre estamos creando espacio para cosas que creemos que son importantes y que entendemos que nos dejarán un beneficio, pero sería bueno crear un espacio para aquellos que no tienen ninguno, para aquellos a los cuales Dios tiene presente, aunque han sido olvidados por mucho de nosotros. A los que han sido excluidos, a los que la palabra justicia social no les hace sentido, porque no la conocen y porque no se ha hecho nada por ellos.

La justicia social tiene que ver con hacer algo a favor de los que necesitan de forma intencional. También tiene que ver con soluciones sociales que sean concretas y afirmativas. Tenemos que empoderar a los que necesitan. Es tiempo de que hagamos algo y seamos pro-activos a las necesidades del prójimo.

Un empoderamiento a los que sufren la crueldad de la sociedad y del gobierno, les dará una libertad que antes tenían y que con el proceso de la vida algunos perdieron. Tal parece que se nos olvida que muchas de las personas están en condiciones de desventajas ante la sociedad actual.

En otras condiciones perdieron el privilegio de vida, han cambiado su estilo de vida y no saben quiénes son, ni hacia donde se dirigen, dónde se dirigen, han perdido inclusive la noción del tiempo.

Es evidente que no tienen un espacio en la sociedad en que viven, es una sociedad que les ha dado la espalda y los han dejado sin espacio. Es tiempo que hagamos espacio para los que no tienen ninguno en esta sociedad.

V.

Instituciones eclesiásticas
y paraclesiásticas

Los concilios tienen una excelente posición para realizar un trabajo social de altura, compasión, y para desarrollar y hacer una pastoral efectiva con aquellos que sufren y que no tienen quien hable por ellos. Un ministerio social siempre es efectivo, los concilios deben hacer un esfuerzo y comenzar la benevolencia entre sus iglesias locales. Para promover ese esfuerzo lo pueden hacer a través de los predicadores itinerantes, misioneros, entre otros.

A veces los concilios dan la impresión que la meta última es producir lujosos edificios, lo cual entiendo que no es malo, pero que también deberían tener en mente a los que son menos afortunados. Es bueno que nos hagamos algunas preguntas: ¿Por qué y para qué existen los concilios? ¿Será la misión de los concilios de la actualidad construir grandes edificios y lujosos templos? ¿Será una meta de los concilios el tener un fondo económico bastante abundante? Pero, ¿dónde quedan los que necesitan y los que tienen hambre? Los primeros concilios se preocupaban por las viudas, los huérfanos, extranjeros, menesterosos, mujeres solas y niños. Un ministerio dedicado a las personas que necesitan, el servicio a los demás debería constituirse en la prioridad de los distintos concilios. Ese alcance socio-espiritual se ponía de manifiesto en medio de la cena que celebraban en nombre y en memoria de Jesús. Pero siempre existían menesterosos que no estaban en agenda y nunca eran su prioridad; algunos pudientes de la comunidad de fe no les interesaba compartir con ellos, mucho menos dividir su pan.

Si los concilios y las iglesias en particular toman como prioridad a los que no tienen voz, siempre tendrán taller, siempre demostrarán el amor de Cristo, el pasaje bíblico dice; "como se lo hiciste a uno de estos pequeñitos me lo hiciste a mí" (Mateo 25:40).

En nuestro tiempo se hace bastante teología, en diversos lugares tales como los púlpitos y los salones de clases de nuestros seminarios teológicos, pero no solo se hace teología en éstos lugares, creo que hay otra teología y es la que se práctica y se concibe en la praxis con los que sufren. Leyendo el libro de (Roberto A. Rivera, 2005, P.100) en su libro "No me dejes solo" uno de los temas que me llamó la atención refleja lo que intento decir en relación a los que sufren, los desamparados, *"Nunca mates la flor de la esperanza cuando de la vida solo quedan ruinas"*. En este tema el autor se refiere a un caso en particular de un enfermo en el hospital que desea hablar y el autor no pudo entender lo que él deseaba decir por las razones que fueran. También a los que están sin techo, a los que no tienen quien sea por ellos, a los que a nadie les importa, ellos también desean que se les escuche.

En una ocasión luego de un fenómeno atmosférico que pasó por Puerto Rico uno de los jóvenes de la iglesia le dio mi tarjeta de presentación a un deambulante que siempre rondaba por el pueblo de Rio Piedras (Puerto Rico), él le explicó que su pastor podía ayudarlo, ya que dirijo un programa sin fines de lucro de base de fe llamado **"Centro de Bendición"**. Es interesante ver como los miembros de las iglesias ven a su pastor, como lo exaltan y le dan habilidades que ni los mismos pastores sabemos que las tenemos. El hombre en cuestión llamó a la oficina reclamando lo que el joven le había dicho, pero no se le podía dar el servicio, pues no había energía eléctrica, no había agua, en fin los servicios que ofrecíamos estaban temporalmente suspendidos. Pero él insistía en seguir llamando para que le diéramos el servicio y seguíamos relegando sus llamadas que siguieron por espacio de aproximadamente dos semanas hasta que decidí ir a ver quién era y en qué podíamos servirle. Cuando lo vi estaba lleno de llagas, tenía mucho tiempo que no había tenido un baño, tenía muchos meses durmiendo en la calle y comiendo en los zafacones o botes de basura de los restaurantes de comida rápida entre otros. El olor era nauseabundo, su ropa estaba más que sucia. Por mi mente pasaron muchas cosas entre ellas ignorarlo y seguir mi camino. Él al ver el auto parece que intuyó que yo iba por él y se levantó del piso donde estaba acostado y agitó sus brazos, se acercó y en un acto mezclado con desesperación y emoción dijo "**¡es a mí a quién buscas!**".

Ciertamente no tuve más alternativa que detenerme y recibir al hombre adicto en mi auto, con el olor antes mencionado y con apariencia no agradable. Lo llevé al templo donde operamos el programa de ayuda comunitaria de base de fe, allí se le dio un baño, se vistió, alimentó y luego lo llevamos a un programa de rehabilitación. Unos meses, más tarde, lo encontré en unas de las calles de Puerto Rico y fue de gran regocijo, pues se había restaurado. Entendí que la teología más eficaz es la que se articula con nuestras acciones y que eventualmente vamos a ver los resultados. No estoy en contra de la teología de salón, como lo he llamado, donde se hacen muchos debates y se plantean argumentos filosóficos, pero el problema está en que se queda en debate y no se va a la práctica, aquí vemos donde la teología tiene su efecto para el beneficio de aquellos que la reciben.

VI.

El deambulante

a. Autoestima

Muchas de las personas que deambulan sufren de depresión, ansiedad y otras enfermedades físicas, muchos de ellos no cuentan con los recursos necesarios para ser asistidos por un profesional de la conducta humana.

Es triste saber que hay personas que con ayuda pueden salir del abismo en que se encuentran, pero que no hay los recursos necesarios para ellos y terminan hundiéndose más y más en su condición de vida que parece no tener salida, ni ven la luz al final del túnel. Su vida va camino a la total destrucción.

b. Depresión

Uno de los principales enemigos de los que están sin techo (deambulantes) es la depresión, este síntoma les asalta en cualquier momento. Por los sentimientos que puedan tener de sentirse sin familias, sin recursos y hasta sin amigos. Muchos escogen morirse y no seguir luchando por su vida. Es interesante saber que todos ellos son seres humanos como tú y como yo, solo que tomaron el tren equivocado en la vida y necesitan ayuda para cambiar de rumbo. La depresión no discrimina contra ricos ni pobres, contra hombre o mujer, niño ni adulto, religioso o no religioso. O sea que todos estamos expuestos a pasar una depresión y solo con la ayuda de Dios y de personas que les importas se puede salir del agujero donde se ha caído.

c. La Biblia y los deambulantes (marginados)

La sacra escrituras no está exenta de relatos de personas sin techo y de personas necesitadas. Hay relatos de dos mujeres que perdieron sus familias y mujeres enfermas, hasta hombres paralíticos, ciegos y sin techo. Jesús no ignoró a estos necesitados, les prestó atención y los ayudó para que mejoraran su condición de vida. En Lucas 8:43-48 habla de una mujer que tenía un flujo de sangre que no se le detenía, todos la habían abandonado y se habían olvidado de ella, incluyendo su familia.

La Biblia nos da unos datos de cómo asistir y tratar a los menos afortunados/a, y de cómo debemos ver a los que sufren y a los que lloran, la lista es extensa y nos presenta un cuadro claro de los menos afortunados. La lista es encabezada por viudas, huérfanos, extranjeros, distintos enfermos entre otros males, que se encontraban en la sociedad de aquel tiempo, pero que al parecer también existe hoy día.

d. La soledad del deambulante

Tenemos que entender que la vida de una persona sin techo y que deambula por las calles del país, es una persona que tienes la estima muy baja, se siente solo/a y su espíritu de lucha está vencido. Es nuestra responsabilidad dar la mano a aquellos que están en esta crisis, que puede ser temporera, pero que también podría perdurar por mucho tiempo. El estado emocional es vital para los que están en la calle, una de las primeras cosas que se afecta, es su valía y su autoestima. Muchos entran en una depresión severa, incluso atentan contra su vida porque entienden que no tienen más alternativas, o que las oportunidades se han terminado para ellos o simplemente entienden que han sido abandonados por la sociedad que les rodea.

e. Reincorporación a la plena comunión social

Todos queremos ser parte integral de la sociedad en la que vivimos y ser productivos para ella.

Si el ser humano no se siente parte integral de la sociedad en que vive nunca podrá contribuir positivamente a la misma. Es responsabilidad nuestra ayudar a que los que están en la deambulancia se rehabiliten y se inserten a la sociedad. Todos somos iguales ante Dios, la carta de derecho dice que todos hemos sido creados iguales eso indica que no hay diferencia entre hombres y mujeres, en cuanto a condición social se refiere, somos iguales.

VII.

Aspectos a ser considerados

a. Que es un deambulante de acuerdo al gobierno

Es una persona que está 90 días o más, sin un lugar o una vivienda permanente, pero la pregunta es ¿realmente eso es un deambulante? la forma de ver a una persona deambulante ha cambiado con el tiempo.

Hoy una persona o familias pueden llegar a la triste condición de estar en la calle o sea sin hogar, lo que se conoce como personas sin techo. La realidad es que un alto porcentaje de las personas sin techo son usuarios de alguna sustancia alucinógena, otro porciento de personas envejencientes. El gobierno intenta combatir este mal que cada día va en aumento. Las organizaciones sin fines de lucro que trabajan con personas sin techo están haciendo la diferencia ayudando a que muchos logren un techo.

b. Desde la óptica de la iglesia

Es posible que la iglesia no tenga una opinión clara de lo que es una persona deambulante o sin hogar, solo entiende lo que el gobierno le dice a la sociedad, esto nos indica que si no se sabe cuál es el problema con el que nos enfrentamos no podremos tener respuestas, ni ser eficaces para todos estos males que tocan a la puerta de la iglesia. Es necesario a que la iglesia se eduque en relación al trabajo que tiene que hacer con los diversos males sociales que le circundan. Solo estando preparado se puede atender con efectividad a los que necesitan.

VIII.

El deambulante por adicción

En la sociedad en la que vivimos tenemos lo que es considerado, un fenómeno en término del deambulismo y las personas sin hogar. Hace dos décadas atrás un deambulante generalmente era una persona mayor, una persona que había perdido sus facultades mentales o personas que simplemente habían perdido su hogar y hasta el sentido de la vida. Hoy tenemos otra clase de deambulantes, aquellos que por ser usuarios de alguna sustancia controlada (droga) terminan sin familia y en las calles de nuestro país. En la década de los ochenta se constituía una vergüenza para una familia tener una persona que usara alguna droga o fumara la famosa hierba, y aun más doloroso era tener un adicto en la familia, muchos padres enviaron a sus hijos/as a programas para que fueran rehabilitados (as) porque tenían las posibilidades económicas, pero aquellos que no poseían los medios económicos vivían la triste realidad de ver a sus hijos ir a la cárcel, morir como quien no tiene familia o sencillamente ser un deambulante. Esto es lo que vemos en la sociedad actual un gran número de personas en la deambulancia o sin techo porque han llegado al punto más bajos de sus vidas con el uso de sustancias controladas.

IX.

Confrontación

a. Análisis de la situación (el por qué de ser deambulante)

Generalmente el deambulante es una persona solitaria y puede pensar que a nadie le interesa, algunos también entienden que basado en su problemática la única alternativa es olvidarse de todo y deambular, es una forma de olvidarse de sus problemas, pero la realidad que ignorarlos no los hacen desaparecer y mucho menos mejora la condición del individuo. Otros deambulan porque son adictos a alguna sustancia tóxica. La cantidad de razones puede seguir en aumento, pero lo cierto es que no importa la razón, los tenemos entre nosotros y no desaparecerán por arte de magia, dicho sea de paso, aumentan. La sociedad cada día se enferma con tantas situaciones por la que atraviesan las personas, simplemente sucumben ante tantas presiones sociales.

b. Problemas existentes

Cada uno de nosotros tenemos problemas que nos pueden perturbar y que si no se le presta atención adecuada puede convertirse en una crisis que probablemente no tenga remedio inmediato, son tantas la circunstancias que nos invaden y a veces no vemos la alternativa y recurrimos a soluciones inadecuadas. Nuestros clientes sin techo o deambulantes pasan por problemas y situaciones similares a la de una persona común y corriente, pero con un agravante adicional "no tienen donde habitar".

c. Como desarrollarse como persona

Tenemos que entender que las personas sin techo o las que deambulan son personas comunes y corrientes, con deseos y anhelos como cada uno de nosotros, un gran número de ellos tienen familias que sufren por ellos y esperan ver un cambio en ellos. Una mano extendida puede hacer la diferencia para que se desarrollen como persona útil en la iglesia y la sociedad. Ellos solo no lo pueden hacer, se necesitan hombres y mujeres de buena voluntad que se quieran comprometer con su entorno social.

EPÍLOGO

Desde pequeño he escuchado el refrán que dice "has bien y no mires a quien". Siempre me ha gustado servir a los demás no importando quien sea, creo que servir al semejante es deber de todos no importando su creencia religiosa, afiliación política, género, ni origen étnico. Todos hemos sido creados por Dios. Por tal razón la necesidad nos llega a todos sin distinción de personas. Dios nos habilitó de dones especiales para que ayudemos a los demás y debemos hacerlo con sensibilidad. Tengo que reconocer que el trabajo comunitario ya sea desde la perspectiva eclesiástica como la social es uno arduo, y difícil, pero la satisfacción de servir es gigante.

Hoy puedo decir que luego de tanto tiempo el mundo está reconociendo y dándole valor a la labor comunitaria, está prestando atención e invirtiendo recursos en instituciones que se preocupan por los menos (as) afortunados (as). Falta mucho por hacer, pero los que estamos en la lucha no perdemos la esperanza de que en este mundo se haga justicia a los que no tienen voz ya sea por la desventaja social o por alguna otra razón.

Cuando intento hablar del amor de Dios al Mundo me hace pensar que su amor se muestra a través de nosotros, de hombres y mujeres que procuramos hacer la diferencia con los menos aventajados, cuando damos una mano extendida Dios la está extendiendo, el abrazo, la palabra compasiva es un indicio de que el amor de Dios está hasta el final. Aunque reine la corrupción y la injusticia en todos los sectores de nuestra sociedad aún así Dios muestra su amor y compasión.

Todo lo descrito en este libro es una forma de expresión y de evocar la solidaridad con las personas que no tienen voz, ya sean sin techo, mujeres maltratadas, niño (as), y/o ancianos. Es mi deseo que muchas más personas se unan a esta lucha para el bienestar de todos los que son personas sin una voz.

 Dr. Rev. Diego Willmore, quien nace en la República Dominicana. Casado con la Sra. Beatriz Hernández. Tienen una hija en común, Marangely Willmore. El Rev. Willmore, posee un Bachillerato en Artes con una concentración en Interpretación Bíblica del antes Colegio Bíblico Pentecostal de Puerto Rico, hoy Universidad Teológica del Caribe, además posee una Maestría en Church Ministries del Seminario Teológico de la Iglesia de Dios (Church of God Theological Seminary) y una Maestría en Divinidad del Seminario Evangélico de Puerto Rico (SEPR). Recibe su llamado a temprana edad en su vida y a la edad de dieciocho años (18) recibe sus primeras credenciales como ministro exhortador. Por los últimos veinte años ha pastoreado una sola iglesia "La Iglesia de Dios M.B. La Nueva Bendición", donde también es fundador y director del Programa Comunitario Centro de Bendición, Inc., por los últimos dieciocho años. El Dr. Willmore es y ha sido misionero ofreciendo Cátedra en diferentes países como: Venezuela, Jamaica, Perú, Guatemala, México, Panamá, Costa Rica y diferentes estados de la Unión Americana. Fungió como profesor de la Universidad Teológica del Caribe por más de trece años. El trabajo social comunitario ha sido relevante para el ministerio eclesiástico, donde hombres y mujeres han sido impactados para servir en el reino de Dios y otros para reconocer que la iglesia está haciendo no solo una función espiritual sino también social.

BIBLIOGRAFÍA

Adams Jay. 1986. Capacitados para Restaurar. Terrassa: CLIE. Clinebell Howard. 1995. Asesoramiento y Cuidado Pastoral. Grand Rapids, Michigan: Libros Desafío.

Crocker, David W. 2008. The Samaritan way. St. Louis, Missouri: Chalice Press.

Eldin Villafañe 2001. A prayer for the city. Austin, Texas: AETH.

Elizondo, Virgilio Dr. y González, Justo Dr. 2008. ¿Quién es mi prójimo? Philadelphia: Esperanza, Inc.

Espinosa, Rodolfo y Rodríguez, Daniel. 1994. Púlpitos cristianos y justicia social. South Holland: Ediciones Borinquén.

Estrada Adorno. 2003. ¿Pastores o Políticos con Sotanas?. Colombia: Guardarraya. Jaramillo Jaime. 2005. Los Hijos de Oscuridad. Colombia: Versalles Ltda.

Justo L. González. 2008. Quien es mi Prójimo. Estados Unidos: Esperanza. López R. Darío. 2006. La Fiesta del Espíritu. Perú: Ediciones Puma.

Maldonado, Jorge E. 2002. Crisis, pérdidas y consolación en la familia. Grand Rapids, Michigan: Libros desafíos.

Margariño, Aurelio Rev. 2000. Evangelizando por medio de la acción social. Saint Louis: Editorial concordia.

Padilla, René C. y. 2003. La iglesia local como agente de Transformación. Buenos Aires: Ediciones Kairos.

Polischuk Pablo. 1995. El consejo Terapeuta. Terrassa: CLIE.

Roberto A. Rivera. No me dejes solo. Rio Piedras Puerto Rico: Palabra y más Inc.

Tamez, Elsa. 2008. No discriminen a los pobres. España: Editorial Verbo Divino.

Tetsunao Yamamori.1997 Servir con los pobres en América Latina. Buenos Aires, Kairos.

Yamamori Tetsunao Rake, Gregorio, Padilla René C. y. 1997. Servir con los pobres en América latina. Buenos Aires, Argentina: Ediciones Kairos.